L'EXCEPTION DE JEU

EN MATIÈRE

D'OPÉRATIONS DE BOURSE

PAR

NUMA SALZÉDO

AVOCAT A LA COUR DE PARIS

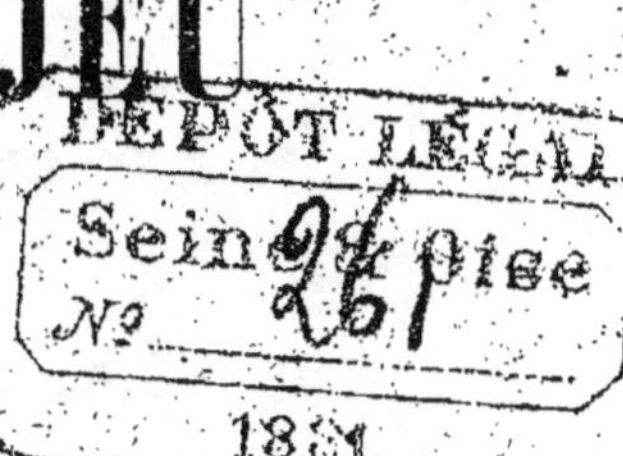

PARIS

IMPRIMERIE DE POISSY S. LEJAY ET Cⁱᵉ

16, rue des Dames, 16

1880

L'EXCEPTION DE JEU

EN MATIÈRE

D'OPÉRATIONS DE BOURSE

PAR

NUMA SALZÉDO

AVOCAT A LA COUR DE PARIS

PARIS

IMPRIMERIE DE POISSY S. LEJAY ET Cie

16, rue des Dames, 16

—

1880

Ce travail n'a d'autre but et d'autre prétention que de poser les précédents et l'état d'une question d'un grand intérêt pratique, et dont l'incertitude expose le juge à de choquantes iniquités.

NUMA SALZÉDO.

L'EXCEPTION DE JEU

EN MATIÈRE

D'OPÉRATIONS DE BOURSE

Depuis la promulgation du Code civil, la richesse publique s'est sensiblement modifiée ; la fortune mobilière a pris une extension inattendue. De là la multiplicité des échanges, l'importance chaque jour croissante des opérations de Bourse, et un état de choses que ne prévoyait pas le législateur de 1801, exclusivement préoccupé de protéger la propriété foncière à une époque où la fortune mobilière était en quelque sorte en défaveur. — De là aussi l'incertitude et les variations inévitables de la jurisprudence sur toutes les questions se rattachant à un ordre de choses nouveau.

L'article 1965 du Code civil n'avait assurément pas en vue les opérations de Bourse que l'on a fait rentrer sous son application. Aussi, que de discussions ! que de controverses ! et comme on aperçoit claire- ment, au milieu de cette agitation de là Doctrine et des Tribunaux, que c'est là une application forcée de la loi ; application que l'on a jugée nécessaire dans un intérêt public, mais qui n'était pas dans l'esprit du législateur ; application nécessairement variable et illogique, contraire à l'équité, contraire à la vérité juridique, et dont les abus rendent nécessaire une législation nouvelle, qui mettra fin à de regrettables contradictions. — L'exception de jeu est aujourd'hui condamnée. M. Andrieux en fait justice dans le projet de loi qu'il a déposé et qui ne peut manquer d'être favorablement accueilli par les Chambres. Son application est chaque jour plus impraticable, et il suffit de considérer son origine et les diverses phases qu'elle a traversées pour se convaincre de la néces- sité d'une législation nouvelle. Le premier document législatif sur la matière est un édit de mars 1716, qui établissait une chambre de justice pour fixer les restitutions auxquelles les spéculateurs devraient être condamnés.

Les spéculateurs étaient considérés alors comme de grands coupables ; il est vrai que c'était en 1716.

Cette disposition fut illusoire. Les restitutions ne

donnèrent pas au Trésor les résultats qu'il en attendait, et la spéculation n'en fut pas atteinte.

Le système de Law vint ensuite donner à l'agiotage une impulsion nouvelle; le système croula, mais la fièvre de l'agiotage lui survécut, et il fallut chercher un nouveau remède à un mal dont on redoutait les conséquences pour le crédit de l'Etat.

Ce remède, on crut le trouver dans l'institution des agents de change, dont l'édit de 1723 fit les intermédiaires privilégiés et nécessaires de toutes les négociations sur les effets publics. Un arrêt du Conseil de 1724 dispose que tous les effets commerçables, excepté les lettres de change ou billets à ordre, ne pourront être négociés que par leur entremise, à peine de la prison, de 6,000 livres d'amende et de la nullité des négociations. — Ces prescriptions sévères ne semblent pas avoir eu d'autre objet que d'arrêter le discrédit qu'entraînaient nécessairement pour l'Etat les ventes fictives des effets publics, en d'autres termes la spéculation à la baisse.

L'arrêt de 1724 règle aussi le mode de négociation, les formalités et les conditions auxquelles devaient se conformer les agents de change, et leur interdit de procéder à aucune négociation avant d'être, au préalable, nantis de la chose ou du prix.

Cette préoccupation, qui a, en quelque sorte, présidé à l'institution des agents de change, d'entraver les ventes fictives et de relever le crédit public, se fait jour à chaque phase de la législation. Elle s'affirme nettement dans l'arrêt de 1724, qui frappe d'interdiction toutes les opérations à terme et reconnaît comme seuls licites les marchés au comptant. M. Troplong l'a dit : « Circonscrire les opérations de la Bourse dans des opérations au comptant, était une idée étroite, impraticable, inadmissible : c'était de la réaction. » — Aussi, les spéculateurs arrivèrent-ils facilement à se soustraire à des prohibitions trop rigoureuses ; et c'est une preuve saisissante de l'utilité, bien plus, de la nécessite impérieuse de la spéculation à terme, que dès 1724 les lois les plus sévères furent impuissantes à l'arrêter.

Elle fut l'objet d'une persécution constante, inspirée toujours par le même but, qui se manifeste clairement dans tous les actes législatifs qui se sont succédés : soutenir le crédit de l'Etat, arrêter la dépréciation menaçante des effets publics. C'est ainsi qu'en 1785, le ministère Calonne, effrayé de la baisse que produisait, non sans raison, à la Bourse le mauvais état du Trésor public, se rejeta sur la spéculation à terme et provoqua un arrêt du Conseil (7 août 1785), lequel déclare nuls les marchés à terme sans livraison ou dépôt des effets constaté par acte dûment contrôlé, au moment de la signature du contrat, sous peine des condamnations les plus sévères (24,000 livres d'amende, exclusion de la Bourse).

Enfin, un dernier arrêt du 22 septembre 1786 exige pour les marchés la signature des agents de change, et les interdit même avec dépôt de titres pour un délai plus long que de deux mois. — Remarquons qu'il n'est point exigé par ces derniers arrêts que l'agent acheteur soit nanti du prix : le vendeur seul doit être nanti des effets. C'est la vente seule, c'est-à-dire la dépréciation des effets publics, que l'on veut entraver, laissant à la spéculation, à la hausse, la liberté la plus absolue. — C'est encore la même préoccupation qui apparaît dans les décrets des 13 fructidor an III et 28 vendémiaire an IV, qui flétrissent énergiquement et punissent de peines sévères les marchés à terme ou à prime sur les matières métalliques ou les lettres de change sur l'étranger. Mais alors, ce n'est plus seulement la spéculation à la baisse que l'on redoute ; c'est encore et surtout la spéculation à la hausse sur ces valeurs, qui devait nécessairement entraîner la dépréciation des assignats.

Toutes ces dispositions furent illusoires ; tant il est vrai, comme l'a dit Napoléon dans un entretien qu'il eut sur ce sujet avec M. Mollien, qu'il ne faut pas avoir la prétention de défendre ce qu'on n'a pas le pouvoir d'empêcher.

Une loi de ventôse an IV, un règlement du 2 ventôse suivant, renouvelèrent les prescriptions des anciens arrêts, et un arrêté du 27 prairial an X consacre expressément la prohibition faite aux agents de change par l'arrêt de 1724 d'agir sans être, au préalable, nantis de la chose et du prix. — C'est là le dernier document législatif sur la matière jusqu'au Code pénal qui, dans ses articles 421 et 422, punit de peines sévères les paris sur la hausse et la baisse des effets publics.

Dans l'intervalle, le Code civil avait gardé sur la question un silence absolu. Dans l'article 1965, il refuse bien toute action en justice pour les dettes de jeu ou les paiements de paris, mais il ne dit point ce qu'il entend par dette de jeu, et ne s'explique pas sur les opérations de Bourse.

Le Code de commerce ne contient pas davantage de dispositions sur ce point ; de telle sorte que l'on en est encore à pouvoir discuter aujourd'hui si les anciens arrêts du Conseil sont toujours applicables.

La Cour de Lyon, en 1809, avant la promulgation du Code pénal, refusa de les appliquer, et son arrêt fut cassé par la Cour suprême. Puis intervinrent les articles 421 et 422 du Code pénal, à l'occasion desquels on disputa vivement sur les marchés à terme, qui trouvèrent au sein de la Chambre et du Conseil d'État d'éloquents défenseurs, dont l'influence devait nécessairement se faire sentir dans la rédaction de la loi. Le législateur a voulu, selon l'expression de M. Troplong, étendre le cercle des marchés à terme et rentrer dans les vrais principes du droit commercial, dont les arrêts du Conseil de 1785 et 1786 s'étaient écartés. En effet, l'article 422 du Code pénal définit ainsi les paris qui tombent sous l'application de loi : « Sera réputée pari de ce genre toute convention de vendre ou de livrer des effets publics, qui ne seront pas prouvés par le vendeur avoir été à sa disposition au temps de la convention, ou avoir dû s'y trouver au temps de la livraison. »

Il n'est plus question, comme sous l'empire des anciens arrêts, de l'obligation du dépôt préalable des titres ou du prix, qui équivalait à une interdiction absolue de tous les marchés à terme; depuis 1786 le temps avait marché; les mœurs s'étaient modifiées. La spéculation à terme s'imposait comme une nécessité économique, et le législateur de 1810, en poursuivant la répression des abus, reconnaissait le principe, introduisait un droit nouveau abrogeant les dispositions surannées des arrêts du Conseil.

Cette interprétation, que donnent sur les articles 421 et 422 du Code pénal MM. Bédarrides et Troplong, est combattue par MM. Bozerian et Mollot, qui concluent à l'application des anciens arrêts. Conformément à cette dernière opinion, trois arrêts de Paris de 1823, notamment le fameux arrêt Forbin-Janson, confirmés par la Cour de cassation, annulaient les marchés à terme sans dépôt préalable des titres vendus ou du prix des valeurs achetées.

A cette jurisprudence, qui fut l'objet de vives protestations, succéda une jurisprudence nouvelle assimilant le marché à terme au marché au comptant, à raison de la clause qui donne à l'acheteur la faculté d'exiger, moyennant escompte, la livraison anticipée.

Puis enfin intervinrent des décisions reconnaissant formellement la validité des marchés à terme, lorsque ces marchés présentaient un caractère sérieux et ne dissimulaient point des paris sur la hausse ou la baisse des effets publics devant nécessairement se solder par le paiement de différence.

Le 20 novembre 1842, la Cour de cassation reconnaissait, par une distinction de fait, la validité des marchés à terme sérieux et de bonne foi, et consacrait définitivement ce principe dans son arrêt du 1er avril 1856.

C'était l'abandon de la jurisprudence de 1824 et

l'abrogation des arrêts du Conseil, abrogation que vint ensuite confirmer à nouveau l'arrêt du 17 janvier 1860, dans le fameux procès des coulissiers. Les défenseurs de ces derniers soutenaient qu'ils n'avaient pas usurpé les fonctions d'agents de change, puisqu'ils ne se livraient qu'à des opérations à terme, interdites à ces intermédiaires officiels.

C'est en réponse à cet argument que la Cour de cassation décida que les marchés à terme pouvaient être sérieux et rentraient dans les attributions des agents de change.

Tel est aujourd'hui, après de vives controverses, l'état de la jurisprudence. Nous n'avons fait que relater, en passant et sans y insister, les décisions qui appliquèrent en 1809 et en 1811 les arrêts du Conseil de 1785 et 1786. Nous ne réveillerons point cette vieille querelle, aujourd'hui éteinte, sur le point de savoir s'ils ont conservé force de loi, ou s'ils ont été virtuellement abrogés par le Code de 1810. Dans une savante argumentation, MM. Mollot et Bozerian se prononcent (quoique à regret) pour la non abrogation de ces arrêts, qui faisaient du nantissement préalable des titres, ou du prix une des conditions essentielles de la validité des marchés à terme. Devant les tribunaux on ne plaide plus cette thèse, et les arrêts du Conseil sont à l'état de lettre morte. Une chose nous étonne, c'est que la jurisprudence se soit si longtemps attardée dans ces stériles discussions.

L'intention du législateur de 1810 d'abroger, si besoin était, les anciennes dispositions se manifeste clairement dans l'article 423 du Code pénal, qui, définissant les opérations illicites constituant le délit de « pari sur la hausse ou la baisse des effets publics, » détermine *a contrario* la validité des marchés à termes, auxquels ne saurait s'appliquer l'article 1965 du Code civil, qui ne parle que des paris.

Mais même avant la promulgation du Code pénal, comment admettre que le législateur de 1806, qui ne s'expliquait pas sur les marchés relatifs à la négociation des effets publics, entendait maintenir les prescriptions rigoureuses de 1785 et 1786? Ces dispositions étaient faites pour une autre époque, pour d'autres habitudes, dans le but évident d'entraver la spéculation de nature à porter atteinte au crédit public qui, déjà, en 1806, trouvait dans les diverses combinaisons du marché à terme un puissant auxiliaire.

Et puis, au moment de la promulgation du Code civil, la question était brûlante ; elle n'était pas de celles que l'on peut passer sous l'oubli. La spéculation à terme n'était pas une exception que le législateur doive négliger. Sur la cote de la Bourse, le cours du terme préoccupait déjà les agents de change bien plus que le cours du comptant, dont la fixation est le plus souvent laissée aux soins de leurs commis, et personne ne se souciait du dépôt préalable des titres ou du prix ni des prescriptions des anciens arrêts. Nous tirerons parti de ces circonstances pour combattre la jurisprudence actuelle. Bornons-nous, pour l'instant, à observer dans l'historique véritablement instructif de cette législation, que si les rédacteurs du Code civil avaient entendu conserver force de loi aux anciens arrêts, à une époque où leur autorité était ouvertement méconnue, où leur application était réellement impraticable, ils s'en seraient formellement exprimés.

Et dans l'article 423 du Code pénal, dont les dispositions sont en contradiction formelle avec les anciennes prescriptions des arrêts du Conseil, qu'elles n'avaient pourtant pas pour but d'abroger puisqu'elles ne poursuivaient que la répression d'un délit, ne trouve-t-on pas la preuve péremptoire que pour le législateur de 1810, comme pour celui de 1806, les anciens arrêts n'existaient plus, qu'ils étaient lettre morte, ne méritant pas même d'être abrogés.

Là une question s'impose : Comment le Code civil

ne contient-il, sur une matière de cette importance, qu'une disposition aussi vague que l'article 1965, que nous considérons, quant à nous, comme inapplicable aux négociations à terme des effets publics?

On trouve dans notre législation bien des lacunes de ce genre, qu'il importerait de combler afin de mettre un terme aux incertitudes d'une jurisprudence qui cherche sa voie et qui, dans la question qui nous occupe, en a été réduite, après la promulgation du Code civil, à faire l'application des anciens arrêts de 1785 et 1786.

Il semble qu'aujourd'hui la discussion devrait être close. La validité des marchés à terme est incontestable : le report constitue une opération essentiellement licite. Après de longues hésitations, les Tribunaux l'ont définitivement proclamé : L'article 1965 n'est pas applicable aux opérations de Bourse qui présentent un caractère sérieux; et pourtant combien sont illusoires les actions intentées par les agents de change et les autres intermédiaires contre leurs clients pour obtenir le règlement de leurs comptes de liquidation !

L'exception de jeu, il ne faut pas se le dissimuler; entre dans les prévisions de tout spéculateur de mauvaise foi, non sans raison ; car, en dépit des principes qui font aujourd'hui la base de la Jurisprudence sur ce point, si elle est invariablement repoussée par les Juges consulaires ; elle est le plus souvent accueillie par les cours d'appel.

Devant la Justice, c'est là un fait que l'expérience démontre chaque jour, la prévention est toujours en faveur du client débiteur contre l'agent de change créancier ; et les principes aujourd'hui acquis, qui semblent donner satisfaction aux intérêts considérables qui les réclamaient, sont le plus souvent méconnus. Pourquoi cela? Parce que ces principes ramènent tous les procès de cette nature à une question de faits dont l'appréciation est, sinon impossible, du moins très difficile, parce que les débiteurs de mauvaise foi sont habiles à égarer la Justice et à organiser des moyens de défense contre lesquels la loyauté des intermédiaires viendra fatalement échouer ; parce que, en un mot, le principe de la validité des marchés à terme ne souffre pas de restriction.

De là l'insuffisance de la Jurisprudence actuelle, insuffisance dont je ne veux d'autre preuve que les phases contradictoires qu'elle a successivement traversées.

Pour interdir ces marchés, on a d'abord fouillé dans l'arsenal des anciens arrêts du Conseil ; puis on a été chercher l'article 1965 du Code civil, qui n'était point fait pour eux, et lorsque la nécessité de ces opérations s'est imposée, on a imaginé de proclamer leur validité ou leur nullité, suivant les circonstances, dont l'appréciation est laissée à l'arbitraire des Tribunaux.

Examinons cette jurisprudence aux divers points de vue dont elle comporte l'examen. Mais n'est-elle point condamnée par avance par les variations mêmes dont elle a été précédée et par le résultat qu'elle entraîne : la protection de la fraude et de la déloyauté.

Aux termes de cette jurisprudence : L'exception de jeu doit être admise à la double condition :

1° Que les opérations pour lesquelles on l'oppose soient par elles-mêmes et nécessairement des opérations de jeu ;

2° Qu'il soit prouvé que, sciemment et de mauvaise foi, l'agent de change ou tout autre intermédiaire a prêté son concours à des opérations de cette nature.

La Cour de cassation, dans ses arrêts du 26 août 1868 (*Dall.*, 68. 1.439) et du 1er avril 1856 (*Dall.*, 56. 1.148) a nettement formulé l'état des principes :
« Des marchés à terme, en vue de bénéfices à réali-
» ser sur la variation des cours des effets publics,
» peuvent être sérieux et dès lors légitimes ; ils

» n'impliquent donc pas nécessairement et par eux-
» mêmes la présomption légale ou la preuve du
» jeu.....

» En principe, les marchés à terme d'effets pu-
» blics ou de marchandises sont valables lorsqu'ils
» sont réels et sérieux. La loi ne prohibe que ceux
» qui servent à déguiser des opérations de nature à
» se résoudre nécessairement en différences par
» l'effet de la volonté originaire des parties, et qui
» constituent dès lors des opérations de jeu. »

Ainsi, c'est la volonté originaire des parties qui
fait de la même opération, soit un contrat valable,
soit une spéculation illicite. Partant de ce principe,
les Tribunaux se déterminent suivant certaines circonstances de fait, sur lesquelles ils se fondent pour
apprécier l'intention des parties. Ils considèrent surtout dans quelles conditions se sont nouées et suivies
les relations entre l'intermédiaire et son client ; si,
aux cours de ces relations les opérations s'étaient
soldées toujours par des paiements de différences ou
avaient donné lieu à des levées ou à des livraisons
de titres ; si l'importance des opérations engagées
était en rapport avec la situation de fortune apparente
du spéculateur. — La nature des titres faisant l'objet
des marchés (certaines valeurs se prêtent plus facilement aux spéculations purement aléatoires), la pé-

riodicité plus ou moins suivie des reports, sont aussi des éléments de décision sur la double question qui se pose invariablement dans toutes les affaires où l'exception de jeu est opposée : le caractère des opérations, la bonne ou mauvaise foi de l'intermédiaire.

Cette doctrine des Tribunaux peut se résumer ainsi : En principe, les opérations à terme sont valables; mais si elles sont fictives et dissimulent de simples paris sur la hausse ou la baisse des effets publics, elles rentrent dans l'application de l'article 1965 du Code civil.

Tout d'abord regardons le texte : Les rédacteurs de l'article 1965 avaient-ils en vue les opérations de Bourse, si peu sérieuses qu'elles puissent être? Dans un arrêt du 26 février 1845, la Cour de Cassation a déclaré : « La loi n'accorde aucune action pour le » paiement d'un pari; tous les jeux ou paris sur la » hausse ou la baisse des marchandises dont » les prix sont cotés à la Bourse sont compris dans » cette prohibition. »

La question, en cet état, se ramène au point de savoir si les opérations de Bourse, dans les conditions où elles se produisent, peuvent être assimilées à un jeu ou à un pari. Mais, au point de vue de l'esprit de la loi, il est intéressant de rechercher si le législateur, en édictant une disposition aussi absolue que celle de l'article 1965, pensait qu'elle pourrait s'appliquer aux opérations à terme. Si telle avait été son idée, il aurait indiqué les conditions et les formalités nécessaires à la validité de ces marchés.

La spéculation était déjà menaçante. Déjà elle avait été l'objet de dispositions rigoureuses. Les anciens arrêts étaient tombés en désuétude. Les marchés à terme, qui s'étalaient officiellement sur la cote de la Bourse, entraient chaque jour davantage dans nos mœurs financières. C'était bien le moment de les proscrire par un texte formel, si on les considérait comme illicites.

Le législateur n'a rien dit : Il y a déjà là une forte présomption que les opérations de Bourse ne doivent pas rentrer dans les prohibitions de l'article 1965 ; et nous pensons que cette disposition ne saurait s'appliquer ni à tous les marchés à terme, sans restriction aucune, comme la jurisprudence l'a longtemps décidé, ni aux marchés à terme s'accomplissant dans certaines conditions déterminées livrées à l'arbitraire des juges, comme la jurisprudence le décide aujourd'hui.

Ce n'est donc point un texte de loi ; c'est la jurisprudence seule qui a fait rentrer les opérations de Bourse sous l'application de l'article 1965.

Qu'en faut-il conclure ? Que les Tribunaux peuvent, sans violer aucun texte, revenir sur la loi qu'ils ont faite, et que la disposition législative, qui est impérieusement réclamée par le monde des affaires, ne sera, en quelque sorte, qu'une loi d'interprétation.

En outre, si nous rapprochons la jurisprudence actuelle des articles 421-423 du Code pénal, nous sommes frappés de certaines contradictions.

D'après la jurisprudence, en effet, c'est aux Tribunaux qu'il appartient d'apprécier souverainement, suivant les circonstances, si les opérations de Bourse qui leur sont soumises constituent des marchés sérieux ou de simples paris sur la hausse ou la baisse des effets publics.

D'autre part, le Code pénal, dans l'article 421, punit de peines sévères les paris sur la hausse et la baisse des effets publics ; mais dans l'article 422, il définit nettement le fait qui constitue le délit : « Sera » réputée pari de ce genre toute convention de ven- » dre ou de livrer des effets publics qui ne seront » pas prouvés par le vendeur avoir existé à sa dis- » position au temps de la convention, ou avoir dû » s'y trouver au temps de la livraison. »

Comme dans l'ancienne législation, ce sont les ventes à découvert, c'est la spéculation à la baisse, préjudiciable au crédit public, que l'on veut entraver. — Cette disposition pénale n'est jamais appliquée ; on cite, je crois, une seul poursuite intentée à raison du délit qu'elle a pour but de réprimer ; mais enfin, elle est écrite dans la loi, et, avec ce texte, ne semble-t-il pas que toutes les opérations qui ne rentrent pas dans les termes de l'article 422 ne sauraient être considérés comme des paris, puisque l'article 422 a précisément pour objet de définir ce qu'il faut entendre par pari sur la hausse ou la baisse des effets publics ?

En conséquence, ce qui ressort des textes, c'est que l'exception de jeu ne devrait être admise que lorsque les opérations à raison desquelles on l'invoque sont de nature à constituer le délit prévu et puni par les articles 421 et 422 du Code pénal. Si ces opérations ne constituent pas un délit, il faut logiquement en conclure qu'elles ne sauraient être assimilées à de simples paris ; et c'est l'article 422 du Code pénal qui nous dit ce qu'il faut entendre par paris.

La jurisprudence se place donc au-dessus des textes lorsqu'elle caractérise les marchés à terme suivant les circonstances dans lesquelles ils se sont produits. Si les termes très vagues de l'article 1965 du Code civil permettent d'en généraliser l'application, l'article 422 du Code pénal vient, en ce qui concerne les opérations de Bourse, restreindre rigoureusement cette application aux faits spécialement prévus par la loi.

Mais laissons les arguments du texte. — L'article 1965 refuse toute action au gagnant contre le perdant. Mais le plus souvent les opérations de Bourse se font par l'intermédiaire des agents de change, et c'est à ces derniers que l'exception de jeu est opposée par les clients. — Pour admettre cette exception, la jurisprudence pose ce principe, que je trouve très nettement formulé dans le remarquable ouvrage de M. Laurent (vol. 27, p. 275) :

« Il suit de là que toute convention relative
» au jeu et ayant le jeu pour objet, est destituée
» d'action ; notamment les jeux de Bourse ne peuvent
» engendrer aucune action entre les parties con-
» tractantes, ni entre les parties et leurs manda-
» taires, le mandat étant vicié par la même cause
» que le jeu. »

Soit ! et s'il est établi que l'agent de change a accepté de son client le mandat de jouer, il ne mérite pas la protection de la justice.

Mais quel est le mandat qu'accepte l'agent de change ? C'est le mandat d'acheter et de vendre des valeurs cotées à la Bourse, d'exécuter des marchés parfaitement réguliers et licites rentrant dans son ministère. On objecte que ces opérations, sous cette forme si régulière d'achats et de ventes à terme, sont le plus généralement fictives qu'ils dissimulent de simples jeux de Bourse, et ne sauraient donner aucune action aux intermédiaires qui s'en rendent complices ; et on croit justifier ainsi cette jurisprudence qui s'attribue un droit d'appréciation souverain sur le caractère des opérations et la bonne ou mauvaise foi de l'intermédiaire.

Nous avons vu que le texte et l'esprit de la loi ne se prêtent guère à cette thèse et que, dans cette matière, il n'appartient pas aux Tribunaux d'étendre la définition que l'article 422 du Code pénal a donnée du pari sur la hausse ou la baisse des effets publics. — D'autre part, si l'on considère cette jurisprudence dans ses applications pratiques, on est frappé par des iniquités révoltantes, et surtout par la difficulté d'une saine appréciation des circonstances dont les juges font les éléments de leur décision. Il s'agit d'abord d'apprécier le caractère des opérations en elles-mêmes. — Où finit la spéculation licite ? où commence le jeu ? La distinction est assurément subtile.

Les juges se prononcent suivant les circonstances, suivant leur impression. J'admets que cette impression soit le plus souvent exacte ; mais il n'en est pas moins vrai que rien ne ressemble plus au jeu que la spéculation, et que rien ne ressemble plus à la spéculation que le jeu. Les mêmes opérations sont caractérisées différemment, selon le Tribunal qui sera appelé à en connaître et aussi selon les parties en cause, leur position de fortune, etc... ; de telle sorte que la même opération, qui sera considérée comme sérieuse et licite, si elle est faite par Paul, dont les ressources sont considérables, sera répudiée comme une indigne spéculation si elle est faite par Pierre, dont la situation est plus modeste.

On peut s'étonner, au point de vue juridique, qu'une convention change ainsi de nature suivant la fortune des contractants, et, au point de vue moral, que ce qui est un jeu pour le pauvre soit pour le riche l'opération la plus licite.

Une convention est ce qu'elle est. Elle doit être admise pour tous si elle est licite, répudiée pour tous, sans distinction de fortune, si elle a une cause immorale.

Je connais l'objection : « Ce que la jurisprudence » considère comme de simples paris, nous dit-on, » ce sont les opérations devant nécessairement se » solder par le paiement de différences ; or, lorsque » les opérations sont en proportion avec la fortune

» du client, elles peuvent se solder par des levées ou
» livraisons de titres. » Et cette circonstance a une
influence prédominante sur la solution de ces affaires. Mais, outre qu'il n'est pas juridique de faire
de la même opération, soit un contrat valable, soit un
acte illicite suivant la fortune des parties contrac-
tantes, en fait cette distinction est illogique. Car un
homme riche peut aussi bien se livrer à une opération de jeu qu'un homme de situation plus modeste
peut faire une spéculation sérieuse sur des valeurs
dont ses ressources ne lui permettraient pas de
prendre livraison.

Par conséquent, il n'est pas possible de baser sur
cette circonstance une règle fixe d'appréciation, et
les tribunaux ont refusé souvent de consacrer des
opérations en proportion parfaite avec la fortune des
clients.

Au surplus, il est bien difficile pour le juge d'être
exactement fixé sur les ressources du plaideur qui a
intérêt à dissimuler sa véritable position.

Le client, qui a mis tout en œuvre pour inspirer
confiance à son agent de change et pour revêtir les
apparences de la solvabilité la moins discutable, affirme invariablement, lorsqu'il oppose l'exception de
jeu devant le tribunal, qu'il se trouve dans la situation la plus précaire et que sa fortune n'a jamais

comporté les opérations auxquelles il s'est livré. Le juge ne peut donc trouver de ce chef aucune indication précise. Peut-il être plus exactement renseigné par la façon dont les opérations se sont suivies, par la multiplicité des reports?

La jurisprudence voit un indice de jeu dans des reports qui se succèdent pendant plusieurs liquidations. C'est encore un indice bien trompeur, et surtout bien vague. Pendant combien de temps les opérations peuvent-elles être reportées sans paraître suspectes? A partir de quel moment le report ne sera-t-il plus licite? L'impossibilité de répondre à cette question suffit à condamner l'argument tiré des reports successifs que l'on retrouve dans toutes les décisions accueillant l'exception de jeu. Au surplus, le spéculateur, le capitaliste le plus sérieux, ont parfois intérêt à faire reporter leurs opérations pendant plusieurs mois, lorsqu'ils opèrent sur des valeurs dont les reports sont bon marché eu égards aux dividendes qu'elles produisent.

Ainsi, en dehors de tout texte de loi, ce sont les Tribunaux qui décident souverainement, parmi les opérations qui leur sont soumises et qui se présentent toutes sous la même forme, quelles sont celles qui sont sérieuses et celles qui sont fictives; et les circonstances, les indices d'après lesquels ils se dé-

terminent sont le plus souvent trompeurs et ne sauraient être considérés comme des éléments certains
d'appréciation. Dans ces conditions, l'arbitraire du
juge ne doit-il pas fatalement s'égarer au préjudice
des intérêts légitimes et pour le grand profit des spéculateurs de mauvaise foi ?

Après la nature des opérations, il s'agit d'apprécier la bonne ou mauvaise foi de l'intermédiaire qui
y a prêté son concours. C'est au client qui excipe du
jeu qu'incombe la preuve de la mauvaise foi de l'a-
gent de change ou du banquier chargé d'exécuter
ses ordres.

Mais combien est incomplète et douteuse la preuve
dont se contente le juge ! C'est toujours une simple
affirmation du client : « Mon intention était de jouer
sur les différences des cours ; mon agent de change
le savait bien. » Comment donc pouvait-il le savoir ?
C'est là une question bien digne de la préoccupation
du magistrat et du législateur.

Avec la jurisprudence actuelle, si grandes que
soient son habileté et son expérience, l'agent de
change qui exécute une opération à terme n'est jamais certain que cette opération obtiendrait la con-
sécration de la justice. En effet, le débiteur qui oppose l'exception de jeu ne manque pas de produire à
l'appui de sa défense les comptes de toutes les opé-

rations qu'a pu faire pour son compte l'agent de change pendant des mois et même des années. Il additionne les sommes figurant sur les divers comptes de liquidation; de telle sorte qu'une opération nécessitant un capital de 100,000 francs qui est reportée quatre frois, représente, avec ce singulier système, 400,000 francs. Il arrive ainsi à des chiffres fantastiques dont le juge s'étonne avec raison, et qui ne sont que le résultat d'une erreur grossière. Souvent même il va jusqu'à additionner deux fois les mêmes sommes, qui figurent en même temps sur les deux colonnes des comptes de liquidation.

C'est de la fantaisie et de la fantaisie absurde; mais la justice s'est égarée parfois au milieu de ces habiletés regrettables, dont abusent les spéculateurs qui veulent se spustraire à l'exécution de leurs engagements.

Laissant de côté ces manœuvres que les tribunaux savent aujourd'hui déjouer, il est certain que le juge, pour apprécier aussi bien le caractère des marchés que la bonne ou mauvaise foi de l'intermédiaire, prennent en considération l'ensemble des opérations qui leur sont soumises et qu'ils sont, par conséquent, appelés à envisager dans des conditions bien différentes de celles qui avaient pu surprendre la bonne foi de l'agent de change ou du banquier.

Il est bien facile au juge, alors que les opérations sont terminées et que les liquidations auxquelles elles ont donné lieu ne permettent pas le doute sur leur véritable caractère d'apercevoir que l'intention originaire du client était de spéculer sur les différences. Mais il n'en est pas de même pour l'intermédiaire auquel les opérations sont présentées isolément, successivement, et ne paraissent le plus souvent suspectes que lorsqu'il est trop tard, c'est-à-dire lorsqu'elles sont engagées.

A cet égard, il est fort intéressant de suivre dans leur filière les opérations des débiteurs qui opposent l'exception de jeu. A l'origine, elles sont presque toujours modestes ; souvent elles se liquident par des levées ou des livraisons de titres : il faut bien qu'ils inspirent confiance à leur intermédiaire tout au moins sur leur solvabilité, et par l'exactitude de leurs règlements, et par une façon de procéder loyale et prudente. Puis les opérations grandissent, les reports se multiplient, les règlements se font attendre ; alors seulement l'intermédiaire entre en méfiance, demande vainement des couvertures, et, s'apercevant trop tard qu'il avait affaire à un joueur de mauvaise foi, liquide sa position et se trouve réduit à intenter une action à laquelle on opposera l'article 1965 du Code civil. Et le juge, avec les élé ments d'appréciation qui manquaient à l'intermédiaire lorsqu'il a exécuté les ordres, se basant sur l'ensemble des opérations, sur les agissements du client, accueille trop souvent cette exception :

La bonne foi de l'agent de change ou du banquier !

Ne résulte-t-elle pas de leur intérêt même ? S'ils supposent que l'opération dont on les charge est en disproportion avec la fortune de leur mandant, l'exécuteront-ils sans exiger une couverture suffisante ? C'est bien invraisemblable. En tout cas, c'est encore là une question bien complexe et dont l'incertitude démontre le danger d'une jurisprudence qui repose sur des éléments si douteux.

Pour bien apprécier ce danger, pour faire justice de cette prétendue mauvaise foi des intermédiaires, pour faire toucher du doigt l'incompatibilité d'une pareille jurisprudence avec les mœurs de la Bourse, il faut se placer au moment où l'agent de change, par exemple, reçoit les ordres de ses clients. C'est le plus souvent ou par lettres ou par télégrammes, qui lui sont parfois même adressés directement à la Bourse. Les ordres doivent être exécutés sans retard; sous peine d'un préjudice pour le client. Ce ne sont pas des affaires qui se traitent longuement, et qui donnent lieu à des pourparlers dans lesquels se fait jour l'intention qui préside au contrat ; c'est un ordre qu'il s'agit d'exécuter ou de refuser.

Or, que veut la Jurisprudence ? Que l'intermédiaire se refuse à son exécution s'il excède les ressources du client, et si l'opération est de telle importance, eu égard à sa fortune, qu'elle doive nécessairement se solder par un paiement de différences.

Nous avons vu combien il est difficile à l'agent de change d'apprécier la véritable portée de l'opération qu'on lui propose ; qu'il peut être trompé par les apparences d'une solvabilité hors de conteste, par des renseignements inexacts. Mais au point de vue auquel se place la Jurisprudence, la bonne foi de l'intermédiaire n'est-elle pas toujours présumable lorsqu'il exécute les ordres qu'il reçoit sans exiger de couverture ? S'il voit que ces ordres sont en disproportion avec la fortune du client, et que toutes les opérations ne peuvent, en définitive, se solder que par des différences, sa première précaution est de se faire assurer, par le versement d'une somme suffisante, contre toute éventualité de perte. S'il ne prend pas ce soin, c'est que le client est riche ou qu'il le considère comme tel, eu égard aux opérations qu'il engage, c'est-à-dire qu'il est de bonne foi. Et cependant, par une étrange iniquité, les sommes remises par le client en couverture ne peuvent être répétées ; c'est-à-dire que l'intermédiaire qui prête sciemment son concours à des opérations de jeu, puisqu'il prend soin de s'assurer contre toute éventualité de perte, est plus favorisé par la jurisprudence que celui qui laisse surprendre sa bonne foi par des apparences de solvabilité et de moralité.

Si l'on entrait dans le détail pratique des affaires, on ne tarirait pas d'exemples sur les résultats choquants de cette jurisprudence. Mais il faut résumer notre étude et notre critique : L'exception de jeu en matière de Bourse doit être formellement abolie, à moins que l'on n'abolisse plutôt tous les marchés à terme et que l'on n'en revienne aux anciens arrêts du Conseil.

La loi doit marcher avec le temps, se façonner aux mœurs nouvelles ; elle doit surtout dire clairement ce qu'elle permet et ce qu'elle prohibe, limiter par des textes précis le pouvoir d'appréciation du juge. Elle doit constater la nécessité impérieuse de la spéculation à terme et la dégager des entraves d'une jurisprudence indécise, qui repose sur des considérations de moralité et qui va à l'encontre du but qu'elle poursuit ; car elle n'est jamais que l'auxiliaire de la fraude, et, bien loin de refréner la fièvre de l'agiotage, l'encourage, au contraire, en plaçant les joueurs à l'abri de toute condamnation.

Le créancier, il ne faut pas se le dissimuler, est, à la Bourse, à la merci de son débiteur. Si fort qu'il soit de son droit et de sa bonne foi, il recule devant un procès quand son client le menace de l'exception de jeu, et, pour l'éviter, il accorde tous les délais qu'on lui demande et consent à bien des sacrifices ; si bien qu'un joueur de mauvaise foi, qui n'avait pas l'intention de payer ses différences, a pu (le mot est historique) raisonnablement écrire à son agent de change : « Je vous prie de liquider ma position » chez vous au mieux de vos intérêts. »

La fortune est ainsi bien facile à atteindre pour les gens sans scrupules, qui perçoivent les bénéfices et lorsqu'ils perdent, se contentent d'invoquer l'exception de jeu. A ceux-là seuls la jurisprudence actuelle est profitable ; elle entre dans leurs prévisions, fait la base de leurs calculs et de leurs manœuvres, et il est certain qu'elle a une grande part dans ce développement effrené de l'agiotage. Le jour, en effet, où les engagements pris à la Bourse ne seront plus illusoires et à la merci de la bonne foi de chacun, où l'on ne comptera plus sur ces facilités de règlement, sur ces transactions avantageuses, inspirées par l'exceptionce jeu toujours menaçante, le mal que la Jurisprudence voudrait enrayer, serait sérieusement atteint.

La loi proposée est urgente et impérieusement réclamée par les intérêts les plus légitimes. Les Tribunaux le comprennent et, fatigués par les spéculations malhonnêtes qui s'opèrent sous le couvert de l'exception de jeu, ils s'efforcent, par une application chaque jour plus large, de concilier la rigueur des principes avec les nécessités de la pratique. Il importe à l'honnêteté publique qu'ils persévèrent dans cette voie en attendant une loi nouvelle, et qu'ils ne se départissent point des règles qu'ils ont eux-mêmes consacrés et qui peuvent se formuler ainsi :

« Les marchés à terme sont valables, à moins qu'ils ne soient fictifs et ne dissimulent des opérations de jeu. Ils sont réputés tels lorsque, n'ayant donné lieu à aucune levée ou livraison de titres, *ils ne pouvaient se solder autrement* que par le paie- de différences. Pour apprécier leur caractère, le juge doit considérer surtout si l'importance des opérations est proportionnée à la fortune du client. Cet examen est facile à faire, en prenant d'une part les ressources du client, d'autre part en faisant le compte, à chaque liquidation, des sommes nécessaires pour prendre livraison des titres reportés. —

Cette comparaison donnera, le plus souvent, des résultats exacts. En tout cas, c'est au client qui oppose
l'exception à faire la preuve du jeu, qui ne se pré-
sume pas. C'est à lui aussi qu'il appartient de prou-
ver que l'intermédiaire connaissait son intention de
jouer. A défaut de cette double preuve, l'exception
de jeu doit être invariablement repoussée. »

Ainsi rigoureusement circonscrite dans ces principes, en attendant une loi nécessaire, la jurisprudence sera plus équitable et découragera dans une
certaine mesure la spéculation déloyale.

3022 — Imprimerie de Poissy — S. Lejay et Cie.

3022 — IMPRIMERIE DE POISSY — S. LEJAY ET Cie.

9 782329 146621